005

006

009

010

# 越美北線の8620

## ローカル線の貨物列車

# 越前路の 8620

## ■ 越美北線　福井〜勝原

　越美北線、そこを往く「ハチロク」のファーストショットが左の写真だった。前日見付けておいた、線路が見下ろせる場所で列車を待った。蒸気機関車も最晩年、1973 年頃になると、ブームのおかげで蒸気機関車の走るほとんどすべての路線のダイヤグラムが掲載された雑誌が登場していた。だから、もうそろそろ来てもいいころ、その時刻に合わせて待機すればよかった。

　やがて、やってきた「ハチロク」は期待するより遥かに力強く、迫力一杯に向こうの木陰から姿を現わした。

　それにしても越美北線を訪ねたのはなん年振りだろう。「ハチロク」のお召列車が走ったのが 1968 年だから、5 年振りか。しかし、1960 年代末頃の 5 年間というのは実にドラスティックに世の中が変わってしまっていた。蒸気機関車は恐ろしい勢いで姿を消し、停まってはくれない時間に、夢中で走り回るだけの 5 年間だったように思う。本線筋からあらかたの蒸気機関車が消え、ローカル線もうかうかしていられない状況だった。

　一日いち往復の貨物列車、などというローカル線、越美北線にも目が向けられるようになっていたのだった。

　越美北線というのは、北陸本線の南福井（駅で
は越前花堂駅）から分岐して 43.1km 先の勝原（か
どわら）まで、ほぼ東の方向、白山に連なる山を
目指して進むローカル線だ。開業は遅く 1960 年
12 月、その後 1972 年 12 月に 10.2km 先の九
頭竜湖駅まで延長されている。

　本当は山を越えた向こう側、岐阜県美濃太田ま
でを結ぶ越美線として計画され、岐阜県側は越美
南線として北濃まで開通していた。JR 分社化後、
長良川鉄道になって、越美線は実現することなく
終わっている。

　越前花堂は福井駅の次で、当時 10 往復ほどが
運転されていたディーゼルカーの旅客列車はすべ
て福井駅始発、下手をすると越前花堂駅通過、と
いう列車もあった。また、正確にいうと越美北線
の起点は貨物駅である南福井駅とされており、JR
分社化後に越前花堂駅が起点に変更された。

　「ハチロク」の牽く貨物列車は 1973 年 5 月ま
で残っており、それを間近かに控えてようやく訪
問できた、といったような感じ。実際に訪れてみ
ると越美北線の線路は九頭竜川とその支流、足羽
川に絡むように進むこともあって、思いのほかい
くつもの美しい情景に出遇ったりした。いつもの、
もっと早く訪問していれば… という繰り言が出て
くるのだった。

福井
越前花堂
六条
足羽
越前東郷
一乗谷
越前高田
市波
小和清水
美山
越前薬師
越前大宮
計石
牛ケ原
北大野
越前大野
越前田野
下唯野
越前富田
柿ケ島
勝原

　しだいに山々が迫ってくるなか、線路は大野平野を走る。のどかな情景が広がり、山並みをバックに走る「ハチロク」は、いかにも日本の蒸気機関車だなあ、という印象を与えてくれる。

　反対側を向けば、干上がった田んぼの向こうに家並がつながり、これまた日本的な情景を醸し出してくれる。通り過ぎていく列車、いつまでも見送っていたい気持ちを切り替えて後を追うのだった。

　あそこに暮らしている人たちは毎日のようにこの情景を眺めているのだろうか。

　貨物列車は途中の越前富田駅止まりとなっていた。一時は勝原まで設定されていたのだが、1960年代後半に越前富田〜勝原間が廃止されていた。しかしターンテーブルが勝原にあることから、その区間は単機回送として走っていたのだから面白い。

　越前大野の辺りから先は本流を含む九頭竜川水系に絡むようになり、長い鉄橋を渡るシーンがいくつも見られた。

　もちろん、もっと早くに、ちゃんと列車を牽く姿が見られたらそれに越したことはなかったのだろうが、それでもぽつんと単機で走るシーンも悪くない。写真にしてみると、新鮮なインパクトがあったりして、夢中で追いかけたのであった。

　ときに近づいたり離れたりしながら、三桁国道を走り、回送列車より少し遅れて終点の勝原に着いたのであった。

# 単機回送 88623

　それにしても川と鉄路とが演出する情景、それにバックの山々も加わって越美北線の奥は絶景がいくつも展開しているのだった。


　もちろんいいことだけではない。開通した翌1961年には早くも九頭竜川橋りょうが台風で流出、修復までに数年を要している。その後も幾度となく河川禍によって長期不通の事態を招いている。

　福井と岐阜とを結ぶ路線の計画は昭和十年代にはスタートしていた。実際、1939年には道床も完成し線路も敷かれた。それが戦争で中断。いったん敷かれていた線路も供出された経緯もあった。戦後、昭和30年代になってようやく再着工の末に完成したという、地元沿線の人々にとっては待望の路線。

　しかしながら完成した時は、もはや鉄道は道路に取って代わられようとしていた。それは途轍もない、止めようのない大きな流れであった。それを逆手に取って、そのタイムラグのなかで鉄道写真を撮り回って、記録に残そうと決めたのだ。

　ああ、あと何ヶ月後には蒸気機関車は消えてしまう、そう考えたら足取りも重くなる。いまは目の前の「ハチロク」を追いかけて夢中になるのがよかった。長い橋りょうを渡り、家並を間を抜けて… 単機回送の「ハチロク」を追ってもと来た道を里野を目指した。

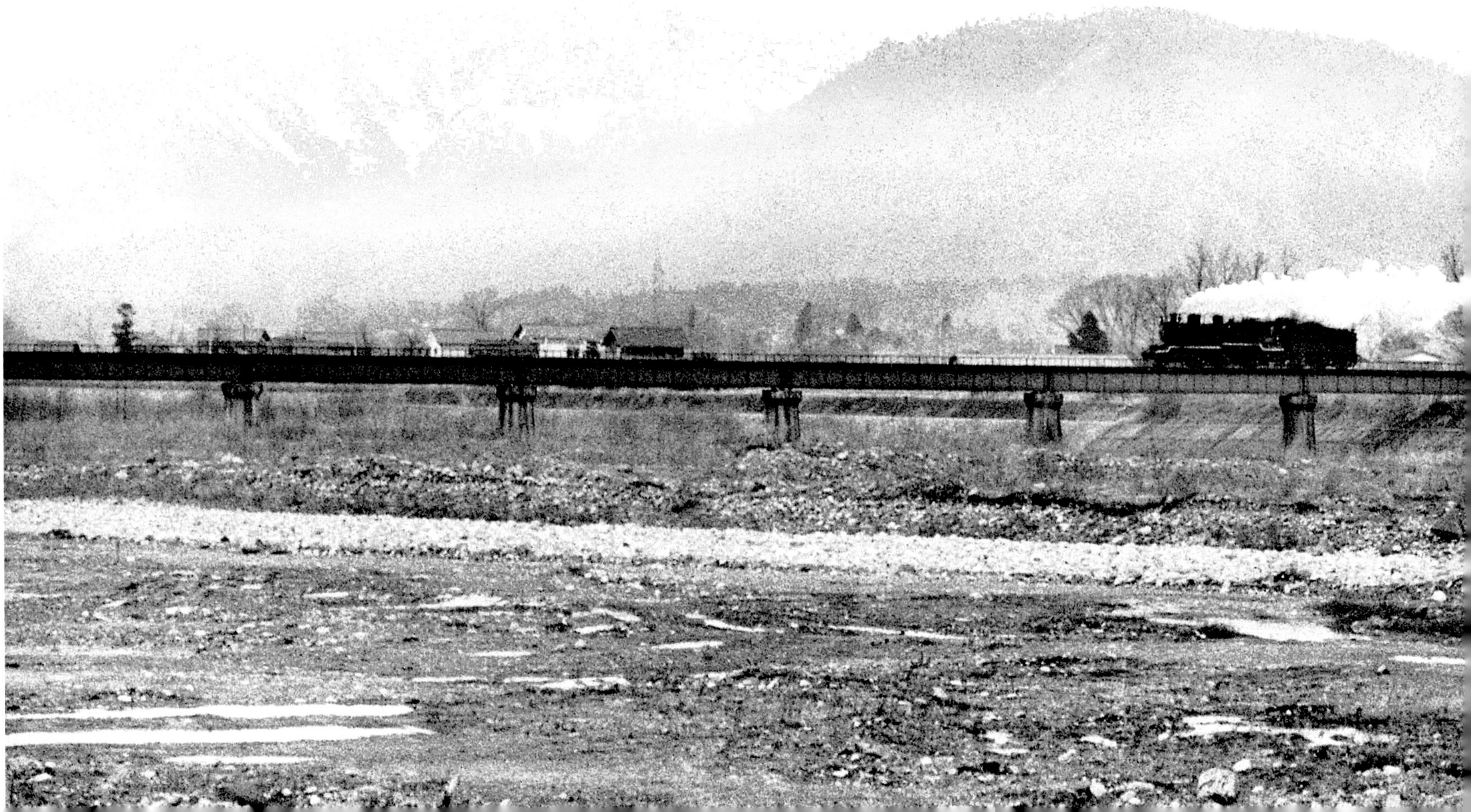

　勝原駅でお目にかかった機関士さんはわれわれのことを憶えてくれていたのだろうか、ときに単機回送にしては信じられないほどの力強い煙をたなびかせて走り抜けていった。

　それにしても美しい日本の景色。白いものを残した山並みの美しさ… しかし、それもいまが限り。雪がなくなりもう一度白くなることには、もう「ハチロク」は走っていないのだ。そういえば、最初の目標だった越美南線と結ぶ計画もいつの間にか失せていた。

　本当に最後の時代、蒸気機関車の晩年にやっと触れることができた。それだけに悔いの残らぬよう走り回ったものだ。

　ああ、ここを列車を牽いて走っていてくれたらなあ、叶わぬことは望まない。いまの情景を記録するに徹した。

終着、勝原に着いたときには、もう「ハチロク」は帰路に向けて方向転換を終えていた。新しい路線らしく、足場で組まれたコンクリートのちょっと殺風景なホーム。貨車の留置された側線はあるものの、ホームは一面だけという、かつての越美北線の終着駅だったというには、あまりにもシンプルに過ぎる気がした。

　まあ、ローカル線自体がどんどん寂れていくような時代のはじまりだったから、いま思えば線路があって、蒸気機関車が走っているだけでよかった、というものだったのかもしれない。

　真っすぐに延びた線路の先には、これまたちょっと殺風景なトンネルが口を開けている。つい先頃開通した九頭竜湖駅までの新線。長いトンネル掘削も技術的に難しくなくなったことから、ふたつのトンネルで九頭竜湖駅まで最短で結んでいるそうな。

　もちろんそこを蒸気機関車が走ることはなく、路線延長の半年後にはディーゼル化によって越美北線自体の煙も消えてしまうのだ。

　ホームから駅舎に戻ってホームの向こうの「ハチロク」を眺めて、しばし時を過ごした。時折流れてくる煙のかすかな薫りだけで嬉しくなってしまう。そんな小さなことにも佳き時代を思ったりした。

　機関車は 88623。どこかでお目にかかったような気がしていたが、長野区にいて飯山線の通勤列車を牽いて人気の機関車だった。1971 年 5 月に福井に移動してきていたが、長野時代からの特徴的なフロントデッキの手すりが残されていた。

　「大正の名機」といわれる「ハチロク」だが、ほとんど最終期に近い 88623 は 1926 年、つまりは昭和と年号が変わる直前に完成していた。そのことを示すメーカースプレートが煙室サイドに残っていた。右書きで「汽車製造株式會社」と彫られたそこには、862 という製造番号とともに 1926、大正十五年とあった。

　戻りの出発までには少し時間がある、という。やおらカメラを取り出してきた機関士さんは、いま運転してきた「ハチロク」を撮りはじめた。

　「もうすぐ引退じゃから…」

　今様の自撮りするわけでもなく、ひたすら「ハチロク」の各部分をカメラに収めていく。ちょっと温かい気持ちになって、帰りの回送列車を撮るためにひと足先に勝原駅をあとにしたのだった。

# 越美北線 **8620** の牽く
## 栄光のお召列車

特集
2

027

　本務機 88635、次補機 28651、磨き立てられた 2 輌の「ハチロク」が先頭に立ってお召列車を牽引する。

　生まれて初めてお召列車というものを見に行く。その興奮たるや、往きの夜行列車のなかはほとんど眠ることもできない。一体お召列車用機関車はどんなふうに飾られているのか、機関区には入れてもらえるのだろうか、どれほどの人が集まっているのだろうか… 頭のなかは、そんなことがぐるぐる繰り返し巡って、眠るどころではない。

　1968 年 10 月 2 日、「福井国民体育大会」に際して、越前大野から福井まで運転される。いや、本当は北陸本線で EF70 が、宮津線、小浜線で C58、果ては山陰本線での DD54 まで、多彩な機関車によるお召列車が運転されたのだが、お召初体験に行く身としては、せいぜい車中一泊日帰りが目一杯の「ゼイタク」であった。

　その日の朝、機関区の所在は知らずとも、それらしい人の流れに乗って行けば難なく福井機関区に着けた。そこでは、熱心に機関車を磨く人、それをカメラに収める夥しい数の鉄道好きで溢れていた。小生など一番の若造かもしれない、雑誌等でお目にかかる先輩方もおられる。みなさんの流れに乗って、端の方からこっそりカメラを向ける、そんな撮影会デビュウ、というようなお召機関車初体験であった。

お召列車は14時52分に越前大野を発車して、15時50分に福井着という予定であった。

お召列車の運転には特別神経を使い、停車時なども音もなくいつ停まったのか、というような運転が心がけられた、というふうに聞いていた。それこそ一世一代の大行事、機関士さんたちにとっても大変な一日であったろう。

それとは較べものにならないだろうが、お召列車初体験の小生も大変な緊張のなかで列車を待った。待ちに待ったなか、姿を現わしたお召列車。汽笛一声、あっという間に通り過ぎて行った。

　お召列車は 8303 レとして回送された。南福井発 12：55、越前大野着 13：52 という時刻を聞いていた。それに間に合うようにするには、福井発 12 時 19 分発の 131D がほとんど唯一の「アシ」であった。

　機関区では特別の配慮というか、集まった鉄道好きのためにターンテーブルで転回させたあと、側線に並べて撮影の機会を与えてくださった。

　それを切り上げて、多くの人がこの 131D で撮影ポイントに散って行った。初めてのお召列車、もちろん越美北線も初めてである。どこでどう撮影するか、まったく「アテ」などない。どこか開けたところで全編成を入れて撮る、それだけを頭に入れて選んだのが、前ページの場所。まずは回送列車を撮って、付近を歩いて決めたポジションだった。

# 「能登のC56」
## 七尾線の貨物列車

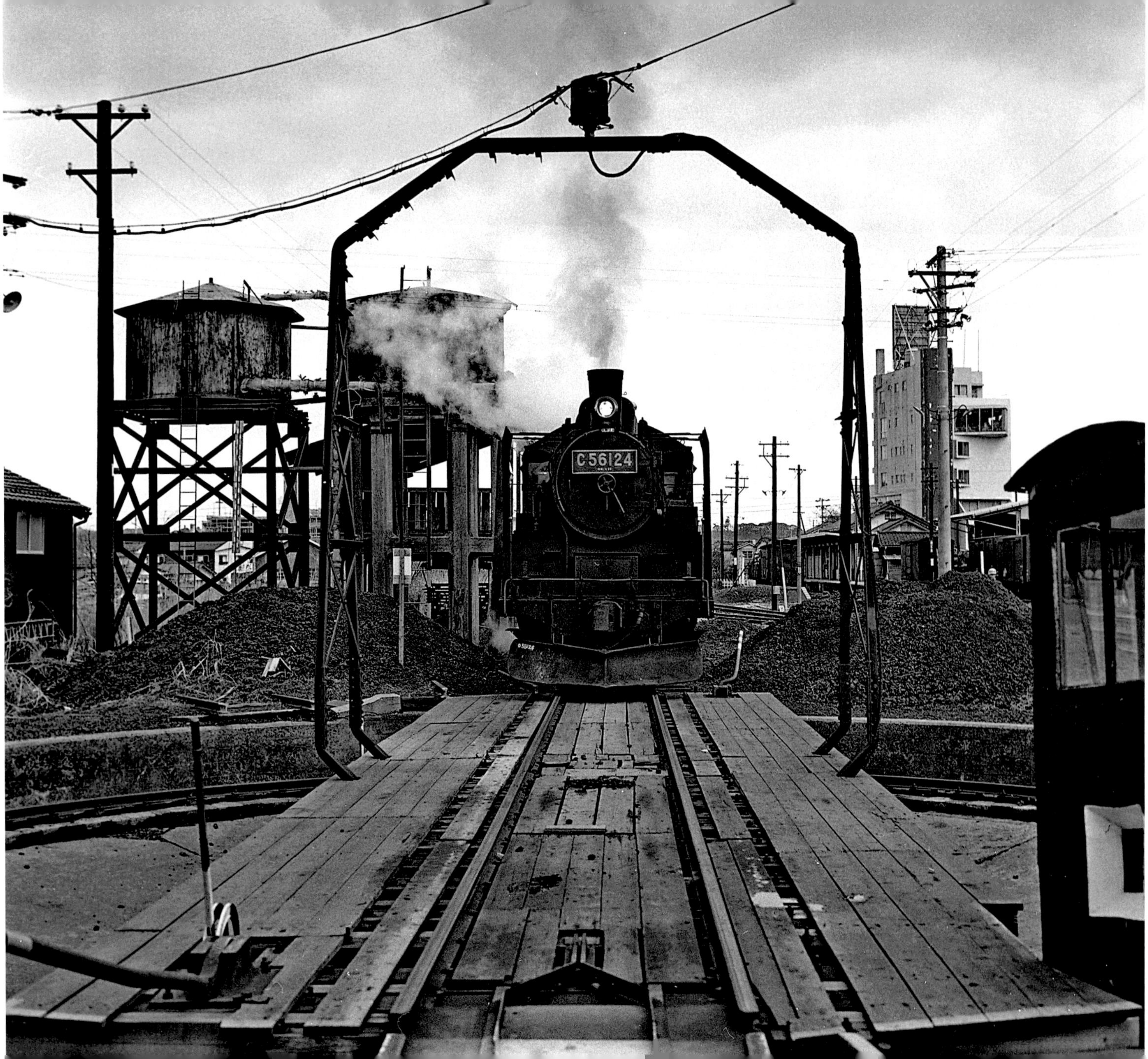
C56124

# 七尾線　■七尾〜輪島

　七尾線は北陸本線の津幡から分かれて七尾方面に向かう路線だ。近年は途中、観光地である和倉温泉（もと和倉）を境に、それ以北と以南とで性格を異にするが、かつては七尾がその役割であった。それはそのまま七尾線の変化を物語るもので、漁港であり貿易港でもあった七尾港に向けて地元有志によって開業した七尾鉄道がその端緒だ。

　歴史は旧く、1898（明治31）年4月には津幡（仮停車場）〜矢田新（のち七尾港）間、32マイル42チェーン（約52.3km）を開通させている。官設鉄道によって津幡に線路がやってくる半年ほど前のこと。仮駅は官設鉄道の開通に合わせて、津幡口駅と改称、路線も3kmほど延長して津幡駅で接続した。

　七尾鉄道は1907年9月に「鉄道国有法」によって国有化、七尾線を名乗る。

　しかし、C56の走る七尾北線とでもいうべき部分は、そこには含まれていない。のちに国の手によって開業したもので、昭和に入ってから1928年に能登中島、1932年に穴水と順次延伸し、そして1935年7月に輪島まで全線が開通している。C56がやってくるのは全線開業後しばらくしてから、戦後になってからのことだ。

　それから四半世紀、C56が七尾〜輪島間の貨物列車を牽いて走るローカル線、となっているのだった。

040

# 七尾機関区

　七尾線 C56 の基地である七尾機関区には 4 輌の C56 型が配置されていた。それは C56123、124、153、154 という憶えやすい布陣。どれもが正面に型式入りナンバープレートを持ち、晩年は地に赤色を入れるという洒落ものであった。

　実は七尾線の C56 初見参は思わぬところで、であった。小海線で運転されていた季節臨時列車「八ヶ岳高原」号。高原野菜輸送、臨時列車運転で多忙を極める小海線は、夏の間、他線区から C56 を借り入れて使用していた。まだそんないろいろを知る前、とにもかくにも初めて出掛けた小海線で初めて遭遇したのが「八ヶ岳高原」号牽引機が C56154 だった。

　大きなナンバープレートに感激し、それが七尾線の機関車であると知って、ぜひとも訪ねてみたくなっていたのだ。

　ほかにテンダー側面に取り付けられたタブレットキャッチャー、独特の形状のスノウプラウなどが特徴だった。

　七尾機関区、幾度となく訪問することになるのだが、4 輌の C56 型のほか、七尾（南）線で使用される C58 型、入換えや臨時列車用の C11 型がいた。でもなぜか、いつも機関区で待機しているのは C56 ばかりで、七尾線の始業前の点検だったり給水だったりの作業が行なわれていた。七尾〜輪島間は 55.5km、途中には峠越えもあるし、途中駅での入換えも含まれ、優に片道 3 〜 4 時間を掛けて走る。山あり里あり、楽しみな道のりである。

041

● 田鶴浜の並走

　いつも帰りの166レで行なうことが多いのだが、七尾を出て最初のポイントになるのが笠師保〜田鶴浜間だ。和倉までの街並が一段落し、道路と並行して線路が進む。穴水に向かって右側に線路、だから帰り道の方が「絶好の並走区間」となる。

　前にも後ろにもほとんどクルマ通りはない。後方からやってくるC56の姿をバックミラーで確認しながら、機関車とシンクロするようにしてクルマを走らせる。最初にこのポイントを発見した時は35mmレンズしか持っていなかったのだが、次のときには28mmで思い通りに撮れた、というくらい至近距離での並走。

　輪島側から上りの166レと一緒に撮影しながらここまでやってきて、最後の仕上げのように並走を行なう。それが、七尾線の「シゴロク」撮影のパターンのようになっていたのだった。

# 能登中島の発車

　能登中島駅は上下列車とも30分ほど停車し、旅客列車との交換もあるし、貨車の入換えも行なったりする。次の西岸まで25‰の勾配がある、最初のパワーポイントであった。

　向こうに見える駅の方から、ふううう、と煙が上がった。無風の青い空に広がって行く。白いのは発車の汽笛のようだ。しばらく遅れて咆哮が聞こえた。さあ、これからがすごいドラマのはじまり、である。

　駅を出てから90°近く向きを変えながら、長くつづく築堤をゆっくりゆっくり走って行く。目の前を通過して向こうの山陰に消えて行くまで、それこそ長回しのワンカット・シーンを見ている感覚だ。

　なにも遮るものもなく、いつまでも見ていられる能登中島の発車シーン。駅で立ち上った最初の煙も残っていて、C56が動いてきた軌跡を長い長い煙の帯がしっかり示している。力の込めようをそのまま表わしているかのような煙の色と形が美しい。

　幾度となく撮影したが、その度に煙のようすは微妙にちがっていて、なんど訪れても飽きることのない、けだし名撮影ポイントなのであった。

048

## ● 能登中島の情景

　能登中島駅では入換えが行なわれる。下り列車で置いて行った貨車が、帰りの上り列車が着くまでに貨物の積み降ろしが終わり、ふたたび列車に組み込まれて戻って行ったりするのだ。

　旅客列車が行ってしまったあとも駅舎に残って入換え風景を眺めている若者がいた。だが、ここで写真撮影にきた鉄道好きに遇ったことはない。きっと、あの発車シーンを見たことがないのだ、あの発車シーンに遭遇したら、ふたたびここに来たくなるに決まっている。

　田んぼに張られた水にその姿を落としながら、駅前後と側線を行き来するC56。やがて編成をつくり直して列車の先頭に着き、発車までを待つひとときは、あの発車シーンの前の静けさ、というものだろうか。

　下り列車は発車のシーンを見送る、上り列車は並走シーンを撮影するために待機する。いずれにせよ、われわれもドラマティックなシーンを前に気持ちを高めるのだった。

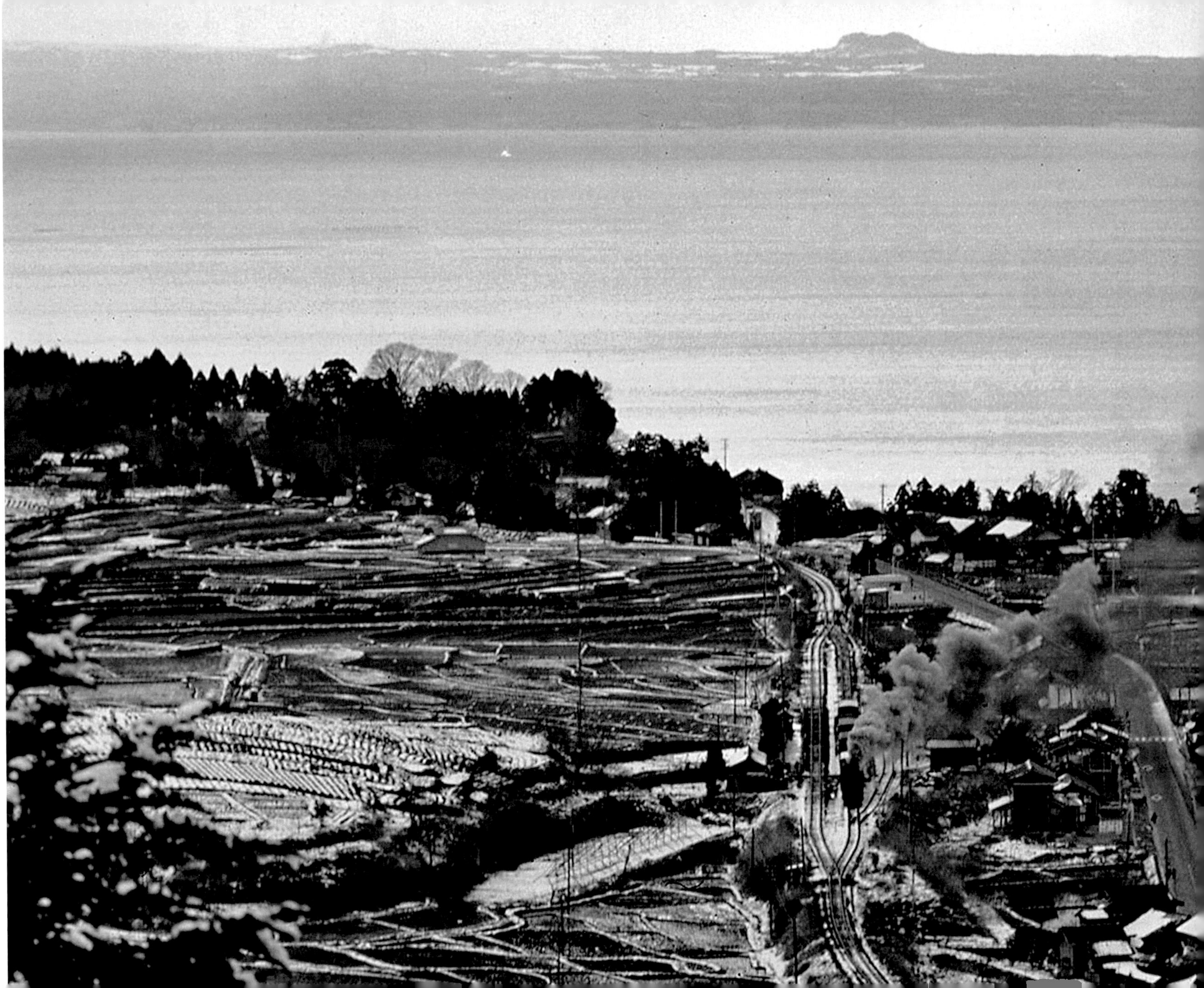

# 西岸の大俯瞰

「あそこに行けるかもしれない」

　駅から向こうを見た時、山腹にひょっとして道路があるかもしれない、と直感した。どう走ったかも憶えていないのだが、踏切を渡って一目散に山の方向に駈け上がっていった。

　一直線で登れるわけもなく、山裾からなん回かヘアピンガーヴを経て、目の前が開けた時の感動はすごいものであった。眼下にさっきまでいた西岸の駅があり、その向こうには波ひとつない静かな能登湾、さらには能登島までが望めるではないか。

　小躍りせんばかりの感激で、列車の出発を待った。

　海岸に沿って走ってきた線路が右にカーヴして駅に入り、ふたたび左にカーヴして出て行くレイアウトが一望できる。ホームが二面、貨物用の側線がある。駅両側のポイントはスプリングポイントなのだろう、いわゆる「脱線ポイント」は付いていない。

　駅の海側に街並が広がり、その間を国道が走っている。クルマはなん台かが往来するが、駅にはほとんど動きが見られない。

　そんな時である、ふううっと煙があがった。汽笛が鳴ったのだろう、白い蒸気が。遅れて微かに音も聞こえたような…　ゆっくり C56 の牽く列車は走り出す。発車の後、準備していたクルマに飛び乗り、少し走らせた地点で後追いも撮影、大いに満足したのだった。

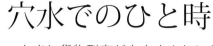

# 穴水でのひと時

　ときに貨物列車が穴水止まりになることがあった。いうまでもなく七尾（北）線における一番の要衝。のちに、蛸島に至る能登線が分岐するようになったこともあり、他の駅よりはひと回り大きな構内が広がる。

　その片隅にはターンテーブルもあり、穴水止まりの列車の牽引機は、ここで方向転換を行なう。それがまた、人力だから面白い、というかちょっと風情のある情景が期待できたりするのだ。ピットのなかには雪溶け水なのか、雨水なのかなみなみと水が溜まっている。そんなことには目もくれず、雪で滑りそうな地面に踏ん張って力を込める。

　一度など、ターンテーブル押しを思わず手伝わせてもらったりして、その結構な重さを実感したりした。

## ● 峠を越える

　穴水駅から次の能登三井（のとみい）駅までは11kmもの駅間距離がある。この区間で能登半島の背骨にあたる部分を越えるのである。

　穴水を出発してしばらく走ると、周辺はまさしく峠越えという雰囲気に包まれてくる。上り下りとも28‰という、七尾線最大の勾配区間がこの11kmの間に存在するのだ。

　俄然C56も力を込めて勾配に挑みはじめる。その線路についたり離れたりしながら県道一号、穴水輪島線が走っている。線路に沿って歩いてみたわけではないので、とぎれとぎれではあるけれど、この区間にはいくつもの写欲をそそるポイントがあった。

　低いところから見上げるのではなにかと邪魔ものが多いから、線路を見下ろすポイントを見つけては、崖をよじ登ったりした。いまだったら一直線にトンネルで突っ切ってしまうだろうに、線路は右に曲がり左に曲がり、等高線に忠実にうねりつつサミットを目指す。それが眺めてもカメラに収めても、実に気持ちがいい鉄道情景になっているのだ。

　それで走ってくる主人公が赤ナンバーのC56だったりするのからなお嬉しくなってくる。日に一本の列車を求めて、飽きることなくこの地に足を運ぶのであった。

## ● サミットを通過

　穴水から、道路とともに線路と絡むようにして流れていた川、それは穴水港に注ぎ込む小又川だ。線路がずいぶんと高い位置を走っているのは、鉄橋の橋脚の高いことでもそれと知れる。道路からも一段以上高いレヴェルである。

　遥か見下ろす川が手前に流れているのは、まだサミットに到達していないシルシだ。

　サミットを越えた。次ページの川の流れが逆に、下り列車と同じ方向になっているのに注目、である。相変わらず高い位置で川と道路を一挙に跨いでしまっているが、下を流れているのはさっきとは別の河原田川である。このまま輪島まで線路と付かず離れず流れて行く。

　穴水～能登三井間は上り、下りとも 28‰の勾配がある。サミットを越えてしまえば下り坂がつづく道、急に軽やかなドラフト音とともに「シゴロク」も速度を速める。

059

## ● のどかな最終コース

　峠の先、七尾線の最終コースは平坦な道、日本的で美しい情景がつづく。途中駅で貨車を切り離したこともあって、輪島に到着する頃にはトラとワフの2輌だけになっていた。

　帰り道、上り列車はワフ1輌。奥能登の里野を走るC56はじつにのどかな走りを見せてくれた。特別ななにかがあるわけではない。だがそれこそが、走る蒸気機関車を含め、もっとも忘れたくない当たり前の情景ではなかったか。こんな普通の情景をカメラに収めていたことを、いま振り返ってつくづくよかったと思う。

# 終着駅、輪島の印象

　終着駅、輪島に着いた。能登半島のとっ先、このまま線路を延ばしたら海に突き当たってしまう。駅名標にも次の駅のところは空欄になっている。

　到着した C56 は貨車をヤードに切り離すと、帰りの 166 レのための準備に掛かる。季節に関係なく、海からの冷たい風が吹いてくる輪島。そんななか、テンダーに上って石炭を均し、給水作業を行なう。ときは三人もが狭い C56 のテンダーの上で作業していたりする。

　下から見上げるだけでも寒いのに、テンダーの上はもっともっと寒風に晒されているのではないか。そんな心配をするけれど、お構いなく作業は進められる。ひとしきり準備が整うと、前進してターンテーブルに乗り、そこで向きを変えて左の写真の如く、側線で待機。機関士さんたちも詰所に引上げる。

　時計を見るとまだ朝の 10 時過ぎ。帰りの 166 レまでには 1 時間ほどの間がある。その一連の作業を見届けて、遅い朝食、駅前の喫茶店でモーニングにありつくのだった。

## ● 最果ての駅、輪島の余韻

　個人的に好きな写真というのがある。右の
輪島でのショットはそんなお気に入りのひと
つだ。まだ雪が残っている3月のこと、そう
でなくても寒い時期に、周囲に飛び散る水が
太陽にキラリと光る。

　テンダー上のふたりもじっと動かない。な
にか水だけが躍動しているような…

　さっきまでの力闘もウソのような静けさ
に、七尾線の余韻を楽しむのであった。

069

070

# 七尾機関区の C56
## 赤プレートの4輌＋1

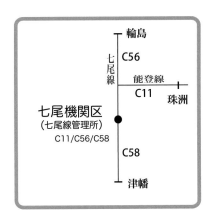

七尾機関区
（七尾線管理所）
C11/C56/C58

輪島

七尾線
C56

能登線
C11 珠洲

C58

津幡

# C56型

軸配置1C、「モーガル」と愛称される国鉄きっての軽量級テンダ機関車。比較的距離の長いローカル線用としてつくられた。軽量であることから、戦時中90輛が戦地に渡った。160輛製造されたうちの90輛だから、半数以上が外地に消えた。残るC5691〜の70輛が晩年までローカル線の主役として活躍していた。

晩年、七尾線で働くのは4輛のC56、であった。型式入り大型ナンバープレートをもち、最晩年にはそれに赤地が施されていた。C56123、124、153、154という4輛は、長く「能登のC56」として知られたものだ。

1960年代早々に旅客列車は無煙化が果たされ、C56は七尾〜輪島間の貨物列車を受持つようになっていた。配属は七尾機関区だが、1959年4月〜1967年2月の間は七尾線管理所と呼ばれていた。

1970年代に入ると廃車になる機関車が現われ、代わりに上諏訪区からC5697が、さらに1973年1月にはC56123が踏切事故で離脱したとかで、代わりに小海線中込区からC56159が移動してきた。そのC56159は1974年6月七尾で廃車、地元石川県志雄町に保存されるが、1995年に解体されてしまった。七尾線最後の蒸機牽引貨物列車は、1974年4月にC56124が牽引して走った。

取水口にワラが巻かれるなど、冬の七尾線C56の特徴。

# C56123

1938 年 3 月、三菱重工業で製番は 221。最初は
九州に配属されるが 1942 年に志布志区から七尾
区に移動。1973 年 1 月に踏切事故に遭うも、修
復の上、1973 年 6 月廃車後、地元の七尾にて保
存されるが、1997 年に解体。第二動輪のみ残る。

1938 年 3 月、三菱重工業で製番 222。最初は麻里布区（広
島）に配属。1942 年に備後十日市区から七尾区にやって
きた。1974 年 4 月に七尾線最終の列車を牽いてから木曽
福島区に移動、1975 年 3 月に廃車後、長野県明科村に保存。

# C56124

# C56153

1938年10月、三菱重工業で製番235。最初は麻里布区（広島）で、その後四国に渡り、小松島区から1941年に七尾区に移動してきた。1971年4月に廃車。ほかの3輌ともども正面にシールドビーム前照灯を備える以外、よく原形を保っていて、人気の「能登のC56」であった。

# C56154

1938 年 10 月、三菱重工業で製造された製番
236。最初は四国の小松島区に配属。のち 1941
年に備後十日市区から七尾区に転属してきた。
1968 年頃から休車になり、1970 年 12 月に廃車。

## C5697

日本車輌 1937 年 3 月製で製番 478。当初北海道にあり、戦後、松本区に移ってきて、大糸線などで使用。廃車になった C56153、154 に代わるべく、1971 年 3 月に上諏訪区から七尾区に移動してきた。テンダーの「さようなら蒸気機関車」の文字は上諏訪区で描かれたもの。背面にゼブラ模様が入るのも上諏訪区の特徴。ナンバープレートは型式入りではない。1972 年 4 月に七尾区で廃車された。

## あとがきに代えて

いくつか、とくに熱心に通った路線がある。七尾線もそんなひとつだ。クルマを手に入れたことで、効率的にローカル線を巡ることができるようになった。

蒸気機関車の牽く列車は一日1往復だけというようなローカル線は、クルマがあってこそ、である。単に列車を追いかけて何カ所でも撮影できた、というだけでなく、発車間際まで入換えをのようすを撮影しておきながら、次の駅までの間に追いついて撮影できたりする。もちろん、それには何回か通って、土地勘を身につけているからこそ、なのだが。午前中に仕業が終わってしまう、などという時はそれからが次回のためのロケハンになったりするのだ。

クルマを自由に使えるようになった晩年まで残っていた路線がいっそう密度の濃い取材ができていたりするのは、そういう時間経過に負うところが大きい。

＊　　　　＊　　　　＊

どんなローカル線でも、きっといい撮影ポイントが存在する。それはクルマを使ってくまなく走ってみれば、自然と見付かってくるようなものだ。もちろん、いろいろ経験することで、ある種の「法則」や「カン」のようなものが身に付いたこともあるだろう。もう最晩年は、どこへ行っても楽しくて楽しくて仕方なかった。手応えがあったし、こういうストーリイでまとめよう、と撮影している時からすっかり頭の中に描けていた。

ほとんど雑誌などで採り上げられることのなかったローカル線を、できるだけきっちり記録に残しておきたい、その情景を忘れたくない、そう思いつつ走り回っていたのだ。

もちろんその度に「ああ、もう少し早くここを訪ねていれば…」という、永遠の繰り言を思いつづけたのでもある。

＊　　　　＊　　　　＊

今回のふたつのローカル線は、ある部分で対照的であったりもする。七尾線は初めて訪問した時から、ずっと繰り返し訪問した。同じ場所で撮影しても、その日によって煙の具合が大きくちがっていたり、季節のちがいも大きく現われた。

それに、各駅での停車時間など、じつにタイミングがよく、線路が道路とがうまく絡んでいるのもよかった。

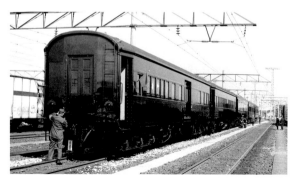

それでいて、とんでもない大俯瞰やら毎回の並走やらいくつもの新しい撮影ポイントを発見できた。

一方の越美北線は、まだ右も左も解らない時期に「お召列車」撮影のために訪問はしたものの、それから長く訪れる機会を持てなかった。理由は思い出せないのだが、ほかに回らねばならないところが山ほどあって、時間がとれなかった、というのは間違いない理由の大きなひとつだ。

そして、訪問してみて、一方で充実した撮影行を実現しながらも、それこそもし「お召列車」の時にクルマを所有していたならば、と取り戻せない時間の悔しさにまたしても繰り言を呟いてはいたのだが。そう、当時の雑誌に、先輩諸氏は相応の土地勘を持っておられて、名撮影地で「お召列車」を撮影。それを恨めしく眺めた、という記憶も蘇ってきたりした。

それにしても、残しておきたい情景はまだまだ尽きることがないほど。それほど佳き時代の鉄道情景は魅力的で、日本全国に広がっていた、ということだろうか。

    ＊      ＊      ＊

やはり「お召列車」というのは独特の存在感があるものだ。最初に越美北線での撮影行に及んで以来、幾度か追いかけることができた。しかし、その威光というか近寄りがたい雰囲気はいつも圧倒される思いであった。

下の写真は福井で撮影した「新1号編成」、左から倶奉車461、倶奉車330、1号御料車、同扉部分、倶奉車340、倶奉車（電源車）460の順。

模型につくりたい、という思いもどこか畏れ多い気もしていた。だがのちにはキット、完成品などたくさんの模型製品としても登場してきたのだから、それだけ身近かな存在になってきた、ということかもしれない。蒸気機関車晩年には、蒸機牽引のお召列車が運転され、最後の華、という思いもしたものだ。

2023年初夏に
　　　　　いのうえ・こーいち

いのうえ・こーいち　著作制作図書

● 『世界の狭軌鉄道』いまも見られる蒸気機関車　全6巻　　2018〜2019年　メディアパル
　1、ダージリン：インドの「世界遺産」の鉄道、いまも蒸気機関車の走る鉄道として有名。
　2、ウェールズ：もと南アフリカのガーラットが走る魅力の鉄道。フェスティニオク鉄道も収録。
　3、パフィング・ビリイ：オーストラリアの人気鉄道。アメリカン・スタイルのタンク機が活躍。
　4、成田と丸瀬布：いまも残る保存鉄道をはじめ日本の軽便鉄道、蒸気機関車の終焉の記録。
　5、モーリイ鉄道：現存するドイツ11の蒸機鉄道をくまなく紹介。600mmのコッペルが素敵。
　6、ロムニイ、ハイス＆ダイムチャーチ鉄道：英国を走る人気の381mm軌間の蒸機鉄道。

● 『C56 Mogul』 C56の活躍した各路線の記録、また日本に残ったうちの40輛の写真など全記録。

● 『小海線のC56』 高原のローカル線として人気だった小海線のC56をあますところなく紹介。

● 『井笠鉄道』 岡山県にあった軽便鉄道の記録。最期の日のコッペル蒸機の貴重なシーンも。

● 『頸城鉄道』 独特の車輌群で知られる新潟県の軽便鉄道。のちに2号蒸機が復活した姿も訪ねる。

● 『下津井電鉄』 ガソリンカー改造電車が走っていた電化軽便の全貌。瀬戸大橋のむかしのルート。

● 『尾小屋鉄道』 最後まで残っていた非電化軽便の記録。蒸気機関車5号機の特別運転も収録する。

● 『糸魚川＋基隆』 鉄道好きの楽園と称された糸魚川東洋活性白土専用線と台湾基隆の2’蒸機の活躍。

● 『草軽電鉄＋栃尾電鉄』永遠の憧れの軽便、草軽と車輌の面白さで人気だった栃尾の懐かしい記録。

● 『日本硫黄 沼尻鉄道』鉱石運搬につくられた軽便鉄道の晩年を先輩、梅村正明写真で再現する。

● 季刊『自動車趣味人』3、6、9、12月に刊行する自動車好きのための季刊誌。肩の凝らない内容。

著者プロフィール
　いのうえ・こーいち　（Koichi-INOUYE）
岡山県生まれ、東京育ち。幼少の頃よりのりものに大きな興味を持ち、鉄道は趣味として楽しみつつ、クルマ雑誌、書籍の制作を中心に執筆活動、撮影活動をつづける。近年は鉄道関係の著作も多く、月刊「鉄道模型趣味」誌、「鉄道ファン」誌に連載中。主な著作に「C62 2 final」、「D51 Mikado」、「世界の狭軌鉄道」全6巻、「図説電気機関車全史」（以上メディアパル）、「図説蒸気機関車全史」（JTBパブリッシング）、「名車を生む力」（二玄社）、「ぼくの好きな時代、ぼくの好きなクルマたち」「C 62／団塊の蒸気機関車」（エイ出版）、「フェラーリ、macchina della quadro」（ソニー・マガジンズ）など多数。また、週刊「C62をつくる」「D51をつくる」（デアゴスティーニ）の制作、「世界の名車」、「ハーレーダビッドソン完全大図鑑」（講談社）の翻訳も手がける。季刊「自動車趣味人」主宰。
（株）いのうえ事務所、日本写真家協会会員。
連絡先：mail@tt-9.com

越美北線の8620、お召、七尾線のC56　鉄道趣味人09　「北 陸1」

発行日　　2023年7月15日
　　　　　初版第1刷発行

著者兼発行人　いのうえ・こーいち
発行所　株式会社こー企画／いのうえ事務所
　　　　〒158-0098　東京都世田谷区上用賀3-18-16
　　　　　　PHONE 03-3420-0513
　　　　　　FAX　　03-3420-0667

発売所　株式会社メディアパル（共同出版者・流通責任者）
　　　　〒162-8710　東京都新宿区東五軒町6-24
　　　　　　PHONE 03-5261-1171
　　　　　　FAX　　03-3235-4645

印刷 製本　株式会社 JOETSU

© Koichi-Inouye 2023
ISBN 978-4-8021-3407-1　C0065
2023 Printed in Japan

著者近影　　撮影：イノウエアキコ